Kindermund 2
Lustiges aus Sicht der Kinder

Marion Hoffmann

Kindermund 2

Lustiges aus Sicht der Kinder

Bibliografische Information der Deutschen Nationalbibliothek:
Die Deutsche Nationalbibliothek verzeichnet diese Publikation in der Deutschen Nationalbibliografie; detaillierte bibliografische Daten sind im Internet über http://dnb.d-nb.de abrufbar.

ISBN 978-3-74319-085-6

Copyright © 2017 Marion Hoffmann

Coverfotos und Illustrationen:
© Marion Hoffmann

Alle Rechte beim Autor

Herstellung und Verlag:
BoD – Books on Demand, Norderstedt

Inhaltsverzeichnis

Vorwort 7

Arbeit ist das halbe Leben 9

Herrliche Urlaubstage 17

Wenn ich einmal groß bin 21

Meine Familie 27

Silbenverdreher 41

Wortschöpfungen 45

Kindliche Logik 57

Im Kindergarten 81

Vermischtes 85

Danksagung 110

Platz für Ihre Kindersprüche III

Vorwort

Zwei Jahre ist es jetzt her, dass „Kindermund - Lustiges aus 40 Jahren KITA" erschienen ist. Niemals hätte ich gedacht, dass diese zumeist persönlichen Aufzeichnungen so viel Interesse wecken.
Inzwischen bin ich Rentnerin und habe trotzdem weiter gesammelt.
Oft wurde ich gefragt, wann der zweite Band erscheint.
Meine Antwort lautete: „Wenn mir viele helfen und Beiträge beisteuern und sobald ich genügend Material zusammen habe. "
Jetzt ist es soweit. Freunde, Bekannte, Kollegen und Leser meines Erstlingswerkes haben zur Sammlung beigetragen und ich möchte mich ganz herzlich bei allen dafür bedanken.
In diesem zweiten Band kommen wieder hauptsächlich Kinder im Vorschulalter zu Wort. Allerdings sind auch Kinder im Grundschulalter vertreten mit ihren sprachlichen Äußerungen.

Auch in diesem Band sorgte meine Enkelin Jenna mit ihren künstlerischen Fähigkeiten für die tollen Kapitelbilder.

Wie schon im ersten Buch sind es keine Rechtschreibfehler oder grammatikalische Patzer von mir, sondern original Aussprüche der Kinder, wenn Ihnen, liebe Leser, etwas falsch vorkommt. Sicher wissen Sie, dass unsere Kleinen die Sprache auf ihre Art benutzen, was uns Erwachsene oftmals zum Schmunzeln verleitet.

Bleibt mir nur noch, viel Spaß beim Lesen zu wünschen.

Herzlichst
Marion Hoffmann

Arbeit ist das halbe Leben

* * *

Die Kinder sehen einen Rettungswagen und die Erzieherin erklärt, dass die Menschen Sanitäter heißen.
Jan-Ole: „Stimmt nicht, die heißen Rettungsassistenten."

* * *

Enie: „Mein Papa arbeitet garnix, der fährt immer nur herum." *[ist Kraftfahrer]*

* * *

Maresa: „Mein Papa arbeitet bei die Stapler, die fährt der. Damit hebt der immer die Kisten hoch.
Und meine Mama ist Haareschneiderin. Die schneidet mit Schere und Kamm. Dann braucht sie noch zum Arbeiten einen Fön und ein Waschbecken, wo man die Haare rein machen kann."

* * *

Lilly: „Mein Papa arbeitet in Berlin. Da macht er alles heile, was er findet. Und wenn er damit fertig ist, geht er zu einer anderen Arbeit.
Und Mama schreibt immer mit Kaputer."
[Computer]

* * *

Leonie: „Meine Mama packt immer Sachen. Was Papa macht auf Arbeit, weiß ich nicht. Ich bin ja nie dabei. Und mein anderer Papa arbeitet beim Bäcker, Kuchen und Hörnchen machen. Aber die isst er nicht alle alleine. Oma und Opa essen die auch."

* * *

Mira: „Mama packt Ware, was man einkauft alles. Und Papa baut Fenster und Türen und Treppen. Die baut er in andere Häuser ein, weil, wir haben ja schon genug."

* * *

Janek: „Mama arbeitet bei Kerstin. Und wenn welche bei Mama Zeitungen kaufen wollen, kriegt sie immer Geld, meistens 'n Euro. Das spart sie, damit sie sich irgendwann 'ne neue Tasche kaufen kann. Papa arbeitet in einer Arbeit. Manchmal repariert er da Dinge kaputt."

* * *

Jodie: „Mama gibt die Leute bei der Löffelstube Essen. Papa arbeitet überall, nur nicht zu Hause."

* * *

Jessica: „Papa weiß ich nicht, ob der arbeitet. Er macht alles heile, Bakterien oder sowas glaub ich. *[Batterien]* Mama näht Gardinen. Sie macht die heile, wenn das noch geht."

* * *

Alessa: „Meine Mama sortiert Obst. Und was gammlig ist, schmeißt sie in den Müll, weil das die Schweine auch nicht mehr essen. Mein normaler Papa holt immer eine Tüte mit Pudding und Obst ab dann bei Mama. Und mein anderer Papa liegt zu Hause auf der Couch."

* * *

Leon: „Mein Papa operiert in der Werkstatt die Motorräder. Dazu nimmt er die Schlüssel und die Schmiere."

* * *

Leandra: „Mein Papa hat den wunderschönsten Beruf. Er sieht immer dreckig aus und darf auf jedes Dach klettern. Und alle Leute freuen sich, wenn er dreckig ist. Mama freut sich nie, wenn ich so dreckig bin. Bei Papa meckert die nie, weil er dafür Geld kriegt."

* * *

Timo: „Mein Opa karrt immer die Leute umher, die keine Lust auf Laufen haben. Und damit alle Menschen wissen, dass sie ihn anhalten können, hat er ein Schild oben am Auto." *[Opa fährt Taxi]*

* * *

Maria: „Mein Papa klettert bei die Arbeit immer auf das Dach. Und wenn er oben ist, dann pfeift der. Er macht das, weil unten immer so viele schöne Mädchen laufen, damit die mal hochgucken."

* * *

Karl: „Mein Papa ist ganz schwarz und hat auch einen schwarzen Hut auf. Die Leute wollen ihn immer anfassen, weil das Glück bringt."

* * *

Thea: „Mama wickelt immer die alten Leute, die nicht mehr auf Toilette gehen können."

* * *

Jonathan: „Mama rast immer mit dem Rasentrecker durch die Gegend. Das macht ihr Spaß."

* * *

Jenna: „Der Nikolaus könnte doch jeden Tag kommen."
Oma: „Der hat doch nur einen Ein-Tage-Job im Jahr."
Jenna: „Dann werde ich auch Nikolaus."

* * *

HERRLICHE URLAUBSTAGE

***

Mira: „Mama, hast du ein viereckiges Kleeblatt gesehen?" *[vierblättriges]*

***

Oma backt Kuchen, als ihr Enkel Mark sie besucht.
Mark: „Oma, was machst Du, bei Dir stinkt es so schön"

***

Lilly: „Ich war da am Strang *[Strand]*. Die blaue Rutsche ging immer im Kreis. Ich war da bald duhn."

***

Maresa: „Ich war baden in der Schwimmhalle und auch auf dem See, bei der großen blauen Tasse. Die kippt immer Wasser aus, dass alle plitschnass sind. Ich hab da gedacht, es regnet so doll."

* * *

Am Abend heißt es für alle ins Haus gehen und alle Sachen mitnehmen.
Dena hat schon einige Kleinigkeiten in der Hand.
Auf Papas Bitte hin, sie möge ihre Puppe noch mitnehmen, antwortet sie: „Ich bin doch schon beschleppt."

* * *

Jessica: „Ich hab draußen das Fahrrad kennen gelernt, wie man damit rumfährt und aufsteht und abspringt und so. Als ich ausgelernt hab, durfte ich spielen mit Matschepampe."

* * *

Janek: „Im Urlaub bin ich mit der Wasserrutsche gerutscht und immer abgesoffen. Und 'ne Glibberhand hab ich mir da gekauft. Die kann man an die Wand schmeißen."

* * *

Mira: „Ich war im Elefantendorf, da bin ich geritten auf 'nem Riesen. Und dann hab ich noch Kinderzirkus gemacht. Ich hab auf der Stange balanciert und die war ganz hart und hat immerzu gewackelt."

* * *

Wenn ich einmal groß bin ...

* * *

Alessa: „Schullehrerin will ich mal sein. Da kann ich was an die Tafel schmieren und die Kinder fürchterlich ausschimpfen."

* * *

Jessica: „Ich will in die Schule gehen und schreiben lernen. Na ja, muss ich ja auch, weil sonst muss Mama ja immer vorlesen. Und wenn ich groß bin, ist Mama ja nicht immer da."

* * *

Janek: „Ich will Dinoforscher werden, weil es Dinos nicht mehr gibt. Es gibt nur die Skeletten. Die kann ich, glaub ich, ins Museum bringen."

* * *

Arvid: „Ich werde mal Entdecker, dann entdecke ich die Natur."

* * *

Mira: „Ich möchte mal an der Tankstelle arbeiten. Da kann man was zu trinken und Zeitungen verkaufen. Und was zu trinken für die Autos. Das dürfen aber Menschen nicht trinken, weil das stinkt."

* * *

Leonie: „Prinzessin werde ich mal. Die mag ich nämlich und weil ich das Kleid dafür schon hab."

* * *

Lilly: „Ich will auch Prinzessin werden. Die hat die Haare gefärbt. Ich war das, wie ich klein war schon mal. *[zum Fasching]* Da haben mich meine Kinder nicht mehr erkannt, weil ich dazu noch Locken hatte. Das fand ich cool."

* * *

Jonathan: „Ich werde mal Spaßvogel sagt Mama immer."

* * *

Maresa: „Bauarbeiter wäre toll, weil ich gerne draußen spiele. Und weil die Häuser abreißen und bauen Spielplätze und neue Schränke mit dem Hammer."

* * *

Thea: „Müllmann wäre cool, dann kann ich immer einen orangen Anzug anziehen und darf hinten aufm Müllauto mitfahren, ohne Kindersitz."

* * *

„Wer weiß denn, was die Eltern und Großeltern arbeiten?"
Medis darauf: „Mein Opa Ulli arbeitet bei der Ullizei" *[Polizei]*

* * *

Mareen: „Meine Mama arbeitet nicht, die spielt immer nur im Kindergarten."

* * *

Hannes: „Ich werd mal Radfahrer, dann kann ich den ganzen Tag klingeln."

* * *

Lea: „Ich werd mal Windmühlenbauer, wie mein Papa. Dann haben wir immer genug Strom und ich kann nachts auch das Licht anlassen."

* * *

Leonard: „Wenn ich groß bin, werde ich arbeitslos, dann kann ich den ganzen Tag auf der Couch liegen und Fernsehen gucken."

* * *

Anton: „Ich will Anhänger werden, dann kann ich den ganzen Tag abhängen."

* * *

Leander und Mara unterhalten sich über ihre Berufswünsche.
Leander: „Weißt du was toll wäre? Lehrer."
Mara: „Nee, die Kinder sind doch immer so frech."
Leander verdreht die Augen und meint: „Doch nicht so ein Lehrer. Ich mein doch so einen, der die Mülltonnen leer macht."

* * *

Meine Familie

* * *

Fabio und Mara streiten sich mächtig beim Spielen um einen kleinen Sessel.
Als die Erzieherin Frau K. sie ermahnt, damit aufzuhören, meint **Mara:** „Aber wir spielen doch nur Trennung. Ich habe einen anderen Mann und Fabio sucht eine Frau."

* * *

Oma Doris kommt heim, sagt so vor sich hin, dass die Fahrradbirne kaputt ist, und ruft Opa Wolfgang.
Enkelchen **Kian** darauf ganz trocken: „Brauchst Opa nicht sagen. Der kann dir eh keine neue kaufen. Der hat eine neue Batterie für sein Motorrad kaufen müssen. Der hat jetzt kein Geld."

* * *

Beim Zubettgehen fragt **Dena**: „Warum habt ihr eigentlich noch nicht geheiratet, der Papa und du?"

Mama antwortet: „Na ja, Mama und Papa waren mehrmals zusammen und wieder auseinander, bis Mama mit Mory schwanger war. Dann erst sind wir zusammen geblieben."

Darauf **Dena**: „Wie?! Dann hab ich euch gar nicht den Frieden gebracht?"

* * *

Mama und Mory gehen spazieren und **Mama** sagt: „Sieh mal, auf dem Fensterbrett sitzt eine Katze."

Einen Moment später geht **Mory** zurück, kommt wieder und berichtet: „Nein Mama, das war keine Katze."

Mama: „Warum?

Mory: „Na die Katze war schwarz."

* * *

Papa lag nach dem Sandmann noch mit geschlossenen Augen auf dem Sofa.
Dena wollte, das der Papa die Augen öffnet und zu dem Zweck küsste sie Papa auf die Augenlider. Als das nichts half, sagte sie lautstark: „Papa, mach die Pelle hoch!"

* * *

„Was macht deine Mutti zu Hause?"
Jodie: „Die geht immer am Telefon und spielt damit. Manchmal drückt sie auch Papa."

* * *

Einmal stand **Lukas** wutentbrannt vor seinem Opa und dann kam: „Das sagst du alles deiner Mama!" *[Er meinte aber: "Das sage ich alles meiner Mama."]*

* * *

Mira: „Papa ist 'ne alte Kiste." *[Sie meint eine alte Schachtel, weil er 40 Jahre alt geworden ist.]*

* * *

Lukas ganz empört: „Opa hört nicht, Oma, dann musst du mit Opa schimpfen, oh, oh!! *[Bei diesem 'oh, oh' fing Lukas bald an zu weinen, wenn man das zu ihm gesagt hat.]*

* * *

Oma muss mit Opa schimpfen, wenn er dem Hund immer Leckerlis gibt und **Lukas** Kommentar: „Oh, oh!!!"

* * *

Mira: „Mama, bleibt Helene immer auf meiner CD, auch wenn sie tot ist?"

* * *

Susanne: „Mutti kocht im Sommer, wenn es sehr warm ist, nur an den Tagen mit M: Montag, Mittwoch und Freitag."

* * *

Während Papa mit Mory im Kino war, haben Mama und Dena Törtchen gebacken.
Schon im Schlafanzug und nach dem Einschlafritual kam **Mory** noch einmal in die Küche und meinte: „Mama, ich werde heute Nacht nicht schlafen können, wenn es im ganzen Haus nach Kuchen riecht."
So kann man sich auch abends noch ein frisches Törtchen erschleichen.

* * *

Opa fährt immer bei Rot über die Kreuzung.
[Der grüne Pfeil ist für Lukas uninteressant.]
Lukas:„Rot ist rot, da darf man nicht fahren, sonst baut Opa einen Unfall und muss ins Krankenhaus. Oma muss schimpfen!"
Das erzählt er jedem, den er trifft!

* * *

Oma Helga geht mit Dena zur Toilette. Als sie sich bückt fragt **Dena** plötzlich: „Hast du einen Pellehals?"

* * *

Nach einer Radtour zum See wollten wir wieder aufbrechen. Beim Entriegeln des Fahrradschlosses machte es „schwupp" und der Bügel von Mamas Fahrradschloss landete im Wasser.
Als zu Hause das Thema angesprochen wurde, dass man sich von Sachen doch trennen kann, die überflüssig sind, und sie entsorgen sollte, meinte **Mory:** „Na, Mamas Fahrradschloss ist ja jetzt entsorgt."

* * *

Mory war bei Oma und sollte dort Mittagsschlaf machen.
Oma: „Nun schlaf endlich!"
Mory: „Oma, dann hör auf zu schnarchen!"

* * *

Arvid: „Wir haben drei Haustiere, zwei Hunde und eine Schlange."
Auf die Frage nach der Hunderasse antwortet er: „Ein Lufthund und ein Beagle."
[Er meinte Windhund und kam nicht so schnell auf den Namen.]

* * *

Janne ruht auf der Couch mit der Katze. Plötzlich ruft er: „Mama, Mulle schnarcht!" *[schnurrt]*

* * *

Leni ist mit ihren Eltern und ihrer Cousine im Skiurlaub. An der Bar wird sie gefragt: „Was möchtet ihr denn?"
Leni: „Kakao."
„Wo sind denn eigentlich eure Eltern?"
Leni ganz trocken: „Ach, wir haben keine, wir sind heute Waisenkinder." *[Die Eltern waren zu einer Veranstaltung.]*

***

Anton war drei Tage bei der Oma auf dem Land und Mama fragt bei seiner Heimkehr: „Und was gab es bei Oma zu essen?"
Darauf **Anton**: „Drei Tage das Gleiche, es hatte nur eine andere Farbe, Spinat grün, Grieß weiß und Blutwurst braun."

***

Susan freute sich immer so aufs Einkaufen, denn in jedem Laden an der Kasse fragte sie nach einem Geschwisterchen.
Endlich erfüllte sich ihr Wunsch. Seitdem meinte sie an der Kasse oft: „Nun brauche ich kein Geschwisterchen mehr."

***

Leonie: „Oma und Opa gehören manchmal auch zu unserer Familie. Aber Opa ist komisch. Opa schläft nämlich nicht, wenn es dunkel ist, weil er wohl Angst hat. Er pennt immer, wenn es hell ist."

* * *

Jessica: „Mama, Papa, Lisa und ich. Die Anderen schlafen nicht in meinem Bett."

* * *

Mira: „Papa, Mama, Oma und Opa. Und Onkels, aber davon hab ich drei Stücke. Tante und Cousine, unsere beiden Haustiere Charlie und Lukas gehören auch noch dazu. Aber nicht der Lukas, der im Kindergarten immer so viel sabbelt und Quatsch macht. Das ist nämlich ein Mensch."

* * *

Janek: „Ich, Julia, Mama und Papa gehören dazu. Mehr Leute haben wir nicht. Und Babys kriegen wir nicht mehr, weil wir schon alt sind."

***

Alessa: „Mama, Oma, Opa, Schwester, Stiefelpapa, *[Stiefvater]*, Tante, Cousine, unsere Katze, unser Hund und dann noch meine Oma, die schon gestorben ist. Wir sind 'ne riesengroße Familie."

***

Maresa: „Zur Familie gehören Opa und Oma und Papa und Mama und ich und mein Bodo. Aber nicht mein Opa. Mein Kuschelhund der heißt nämlich auch so."

***

Mama freut sich über einen wunderschönen Wiesenblumenstrauß.
Marek: „Ja, und die Brennnessel ist die schönste Blume."

***

Lukas' Opa ist ein Heimwerker. Wenn er im Haus was macht, mit Werkzeug in der Hand, wird das von **Lukas** kommentiert: „Opa macht alles kaputt!"

* * *

Erzieherin: „Wer von euch hat denn schon ein eigenes Zimmer?"
Pia: „Ich hab eins für mich alleine, aber Papa muss bei Mama im Schlafzimmer schlafen."

* * *

Marwin: „Opa, bist du schwanger oder warum ist dein Bauch so dick?"
Opa: „Nein, ich hab zu viel gegessen."
Marwin: „Schade, ich dachte ich krieg noch 'ne Mama."

* * *

Mama schimpft mit Steffi: „Nun hüpf doch nicht wie ein Ball die Treppe runter!"
Steffi: „Ich bin doch kein Ball, ich hab doch Beine."

* * *

Silbenverdreher

* * *

Als **Mira** vom Klettergerüst kommt, berichtet sie ihrer Mama: „Mama mir ist ein Missverständnis passiert, ich bin an der Leiter hängen geblieben." *[Sie meinte ein Missgeschick]*

* * *

Die Familie zog nach Wittstock um.
Stefan erzählt in der Schule: „Wir ziehen nach Stockwitz."

* * *

Mira singt: „Kommt ein Vogel geflogen, setzt sich nie mehr auf mein Fuß."

* * *

Ian-Rik: „Ich hab eine Scheibe gefunden." *[Scherbe]*

* * *

Mama sagte zu Mory, er solle ihr einen Blasen- und Nierentee machen. Nachdem eine Weile über etwas anderes gesprochen wurde, hakte **Mama** nach: „Was solltest du machen?"
Mory: „Ich sollte dir in einen Tee blasen."

* * *

Opa hat geangelt.
Mira fragt: „Ist das 'ne rote Feder?" *[Rotfeder]*

* * *

Janne putzt sich ungern die Zähne.
Als die Mama ihn ermahnt meint er: „Ja sonst kommt der Gockelhahn und macht die Zähne kaputt."
[Er meinte das Zahnteufelchen, kam aber auf diesen schwierigen Begriff nicht so schnell.]

* * *

WORTSCHÖPFUNGEN

* * *

Erzieherin zu Maxim: „Du warst aber lange nicht da, warst du krank?"
Maxim: „Oh ja, mir ging`s nicht gut, ich hatte zu Hause eine Brechung." *[hat gebrochen]*

* * *

Mia: „Papa, aparierst du mir mein Fahrrad?"

* * *

Mama und Dena an der Tankstelle.
Mama: „Schau mal, es ist gar kein Auto hier."
Dena: „Tatselig, es ist gar kein Auto da."

* * *

Papa erklärte einen Dekanter.
Morys Erklärung etwas später lautete: „Das ist eine Schlaraffe."

* * *

Besuch von Papas Chef mit Frau und Sohn namens Benedikt.
Nach dem gemeinsamen Ausflug zum Martinimarkt vermisst **Dena** den kleinen Jungen. Weil ihr der Name nicht einfiel, fragte sie: „Wo ist denn dicke Beine?"

* * *

Weil wir in unserer Bratenpfanne meist eine Ente zubereiten, hat **Dena** ihr den Namen „Entenschachtel" gegeben.

* * *

Kira: „Brotwurst" *[Bratwurst mit Brot]*

* * *

Nacherzählung des Märchens „Der Wolf und die sieben Geißlein"
Arvid: „Dann geht der Wolf zum Mehler."
[Müller]

* * *

Jan-Ole hat seltsame Namen für den Lichtschalter. Er nennt ihn abwechselnd: „Lidada" und „Schidalter."

* * *

Eny: „Das Mittag ist heute aber fleischig."

* * *

Die Kinder haben ein Zelt gebaut und schmücken es mit einer Fahne, die allerdings recht schief steht.
Janek: „Wie sieht das denn aus? Ganz genau, wie der schiefe Turm von PIZZA."

* * *

Wir sehen uns die historische Altstadt an und reden über die verschiedenen Bauwerke.
Luise: „Und das ist unsere schöne alte Mariechen-Kirsche." *[Sankt Marienkirche]*

* * *

Ian-Rik: „Ich hab aufgeessen."

* * *

„Guck mal Krugi, ein Einhörnchen", rief **Mara** plötzlich beim Anschauen von Tierbildern. *[Sie hatte ein Eichhörnchen entdeckt]*

* * *

Mira: „Das ist Pizzapatsch" *[Pittiplatsch]*

* * *

Stefan lernte nicht nur sprechen, er entwickelte auch seine eigene Sprache. Er kürzte viele Wörter ab, z. B.:
- Wurst: Wu
- Gurke: Gu
- Kuchen: Ku
- Schlafanzug: Schlaufi
- Nähmaschine: Niemerleine
- Reißverschluss: Schleißverruss

* * *

Dena`s „Spezialbegriffe":
„Pampelsine" - eine große Apfelsine oder eine Pampelmuse

„Raketenfest" - Silvester

„Schnauzenkuchen" – kalte Schnauze, kalter Hund, Kekstorte

„Ohrstops" - Ohrstecker, Ohrringe

* * *

Ian-Rik: „Papa, da ist der Aschenberger." *[Aschenbecher]*

* * *

Ian-Rik: „Mutella" *[Brotaufstrich]*

* * *

Stine: „Ich tu dich gleich untergegluckert." *[Unter Wasser tauchen]*

* * *

Ian-Rik: „Ich komm gleich angeschwimmt."

* * *

Stine: „Brennezzel sind gut für die Blutdurchläufung." *[Durchblutung]*

* * *

Ian-Rik: „Mach deine Karette aus." *[Zigarette]*

* * *

Stine: „Mazipazi" *[Marzipan]*

* * *

Ian-Rick, nach dem Baden am See: „Ich hab schon meine Eier aufgetrocknet." *[abgetrocknet]*

* * *

Leonie: „Ich bin immer geschwimmt wie ein Hund, mit Zunge raus und paddeln."

* * *

Arvid: „Wir haben einen Sturmhund. Der heißt aber ein bisschen anders, so wie wenn es nicht ganz so stürmisch ist." *[Windhund]*

* * *

Ian-Rik: „Ludel" *[Nudel]*

* * *

Anna: „Ein Männlein steht im Walde, ganz still und krumm."

* * *

Die Kinder spielen Wetterbericht.
Chris: „Übergestern kam ein Sturm, tief aus dem Walde."

* * *

Ian-Rik: „Zeig mir mal das Geschneite."
[Verletzung an der Hand, hatte sich geschnitten]

* * *

Lucy: „Summ, summ, summ, Bienchen brumm herum."

* * *

Mira: „Nagelnack" *[Nagellack]*

* * *

Bei einem Astloch in der Treppenstufe erklärt **Lukas** das so: „Da ist Opa mit dem Auto gegenedonnert!!"

* * *

Mira zählt bis 100: „Achtundneunzig, neunundneunzig, zehnundneunzig."

* * *

Justin: „Urlaub macht Spaß, weil dann auch Papa geflext ist." *[Relaxed]*

* * *

Mira: „Die Katze ist ja so aufgeboren."
[aufgewachsen, geboren]

* * *

Josephine: „Heute spielen wir Mensch ärgerlich." *[Mensch ärgere dich nicht]*

* * *

Mira: „Autotomaten" *[Kaugummiautomat]*

* * *

Die Kinder stellen selbst einen Obstsalat her. Auf meine Frage, was alles hinein kommt, antwortet **Anna**: „Apfel, Weintraube und Kartoffeln."
[Sie hielt die Kiwi für Kartoffeln]

* * *

Kindliche Logik

* * *

Wenn Opa etwas macht, was **Lukas** nicht darf, kommt er angewetzt und sagt: „Oma, Opa macht was, das darf er nicht, oder?! Du musst mit Opa schimpfen."
Opa sagte dann zu ihm: „Aaahhh, Lukas ist ein Petzer."
Darauf **Lukas**: „Nein ich sage nur Bescheid!"

* * *

Mira morgens im Bett: „Mama ich musste popeln, weil die Popel mich stören."

* * *

Lukas kommt aus dem Kindergarten, wo er erfahren hat, dass man Schnee nicht isst, weil darin Bakterien sind, die krank machen.
Zu Hause angekommen schlägt er den Schnee von den Sträuchern.
Lukas: „Der Schnee muss ab, sonst werden die Sträucher krank und haben auch Bakterien."

* * *

Leonard: „Halloween ist toll, weil wir Leute erschrecken dürfen und weil sie uns alle ihre Süßigkeiten schenken müssen."

* * *

Opa schimpft mit Lukas, weil er den Schnee unter dem elektrischen Zaun durchschiebt. Der Nachbar steht am Zaun und lacht.
Lukas: „Das ist gar nicht zum Lachen."

* * *

Mira erklärt, was sie gemalt hat: „Das sind Fische, das ist Wasser, das ist das Trinkwasser für die Fische."

* * *

Leonard erklärt den Bauernhof: „Das ist ein Mistberg." *[Misthaufen]*

* * *

Oma erklärte **Lukas** vor einiger Zeit, dass er nicht in die Hose machen soll, sondern Bescheid sagen, wenn er auf die Toilette muss. Darauf erwidert er: „Lukas hat doch eine Windel um!"

* * *

Mama erklärt Janne, dass er jetzt auch bald ein Zimmer bekommt und dass sie selbst kein eigenes hat.
Janne: „Du hast doch deine Küche."

* * *

Am Straßenrand sitzt eine weiße Katze.
Mama erklärt: „Weiße Katzen sind meistens taub."
Mira: „Mama, werden taube Katzen immer weiß?"
Darauf sagt **Opa**: „Ach, deswegen werde ich schon grau!" *[Auch Opas können Schlussfolgerungen ziehen]*

* * *

Wir spielen zu dritt Karten. Oma legt als Zweite alle Karten ab. **Oma**: „Ich bin Mittelletzter."
[Auch Omas haben Logik]

* * *

Nach dem Märchen „Hänsel und Gretel".
Kim: „Nächstes Weihnachten kriegen die bestimmt ein Handy, damit sie wieder nach Hause finden."

* * *

Die Kinder spielen Friseur.
Arnold: „Du hast ja Nisse auf dem Kopf!"
[Läuseeier]
Kim: „Quatsch, Nüsse gibt es nur zu Weihnachten."

* * *

Toni: „Meine Hose ist verrissen."

* * *

Weil Oma es so erklärt hat, sagt **Lukas** schon vorher: „Ich weiß schon, nur gucken, nicht anfassen!"

* * *

Kiana malt sich mit dem Kugelschreiber den ganzen Arm voll.
Als Oma schimpft, meint sie: „Das hat Onkel Ralf doch auch!" *[Tattoo]*

* * *

Lukas: „Opa hat einen Luftballon verschluckt *[weil Opa so einen dicken Bauch hat]* und dann macht er platz. *[statt peng]*
Wuffi ist auch zu dick und macht dann platz." *[unser Hund platzt dann auch]*

* * *

Wir gehen zum Standesamt, wo Tobias` Eltern heiraten.
Patrik: „Die Braut hat aber komische Haare."
[der Schleier]

* * *

„Lachen ist gesund", meint **Henny**.
Hanna: „Nein, das stimmt nicht. Mama hat gesagt, davon kriegt man Falten. Ich will doch nicht aussehen wie ein Faltenrock."

* * *

Amy und Emely stehen vor dem Spiegel und kämmen sich: „Spieglein, Spieglein an der Wand, wer ist die Schönste im ganzen Land?"
„Ich", meint **Amy**.
„Nein", sagte die **Erzieherin**, „Wenn schon, dann bin ich die Schönste."
„Nee", meint **Amy**, „Du bist wohl zu alt."

* * *

Mama: „Laufen wir ein Stück?"
Tobias: „Ja, wenn du mich auf den Arm nimmst."

* * *

Jenna und Jan-Ole unterhalten sich über Farben.
Jenna: „Das ist beige, dunkelbeige."
Jan-Ole: „Nee, das sieht aus wie Kinderkacke."

* * *

Amy kommt aus dem Türkeiurlaub mit Rastazöpfen bis zur Hälfte der Haarlänge.
Die Erzieherin fragt, warum nicht überall.
Amys Antwort: „Weil man dann wenigstens die halben Haare waschen kann."

* * *

Jenna: „Ich bin nicht frech, ich weiß es nur besser."

* * *

Es ist Abendbrotzeit und der **Papa** erzählt von einem Buch in dem er gerade liest: „Das Buch erzählt von einem Mann."
Mory wirft ein: „Der heißt Fred!"
Dena vollendet: „Der heißt Manfred."

* * *

Josephine: „Mit schwarzen Mützen friert der Kopf nicht so schnell."
Nick: „Warum das denn?"
Josephine: „Na, weil schwarz die Sonne anzieht, und die ist warm."

* * *

Erzieherin: „Du bist ein Spaßvogel."
Lukas: „Na was denn nun? Hab ich Spaß oder einen Vogel?"

* * *

Lilly unterhielt sich mit ihrer kleinen Schwester Nele, die nun auch bald in die Schule kommt: „Weißt du, dort muss man leise und still sein."
Nele wundert sich: „Und warum bist du schon so lange in der Schule und hast es immer noch nicht gelernt, leise zu sein?"

* * *

Zwei Tage vor dem Herrentag
Dena bringt aus der KITA ein Geschenk für den Papa mit und versteckt es. Anschließend fragt sie: „Mama, das nächste ist doch der Kindertag, oder?"
Mama: „Na ja, das stimmt. In gut einer Woche ist Kindertag."
Dena: „Stimmt`s, dann müsst ihr was für uns basteln?"

* * *

Beim abendlichen Toben mit Papa hat Mory ein Stück Mandarine im Mund. Ihm tropft davon etwas auf Papas Uhr. Als vor Schreck alle ganz still sind, meint **Mory** ganz trocken: „Ist doch nicht so schlimm. Die Uhr ist doch wasserdicht. Oder?"

* * *

Der kleine Jens fuhr mit seiner Mama und Tante Heidi zum Arzt. Schluchzend und jammernd saß er neben Tante Heidi auf der Rückbank des Autos.
Heidi: „Nun beruhige dich doch, es ist doch nur ein kleiner Piecks und später fahren wir dann Eis essen."
Auf dem Weg zur Eisdiele sagte der kleine Jens stolz, dass er sich freue über so viel Eis.
Mama fragte: „Warum?"
Jens: „Schließlich bekam ich ja nur die Spritze und deshalb bekomme ich auch für alle das Eis."

* * *

Susan lag in ihrem Bettchen und schaute sich durch das Fenster den runden, großen Mond an. Sie rief die Mama und meinte: „Ich verstehe nicht, warum die Sonne ihre Striche verloren hat."

* * *

Die Mama erzählte Elias-Lysander eines Abends, das seine Tante Mandy seine kleine Cousine Ida per Kaiserschnitt zur Welt gebracht hat und jetzt eine Narbe am Bauch hat.
Elias-Lysander daraufhin: „Mama hab ich denn auch schon ein Baby, weil ich ja auch eine Narbe am Bauch habe?"
Mama: „Nein, dir hat man nur den Blinddarm herausoperiert."

* * *

Josephine zur Erzieherin: „Du hast dich heute aber toll angestrichen."

* * *

Dana möchte auf die große Toilette, kriegt es dann aber doch mit der Angst zu tun.
Dana: „So, wenn ich jetzt hier reinfalle, dann bin ich weg."

* * *

Mama und Papa versuchen Mory zu erklären, was Viren sind und holen dabei mächtig weit aus.
Mory daraufhin: „So wie in deinem Computer, Papa?"

* * *

Auf die Frage, was ein Schwager ist, antwortet **Kiara**: „Das ist der Mann von meiner Frau."
Anton hält dagegen: „Denkste, das ist der Bruder von meiner Schwester."

* * *

Es hat stark geregnet und beim Fenster öffnen tropft es von den Scheiben.
Fabio: „Guck mal, die Scheibe pullert alles nass."

* * *

Beim allabendlichen Ritual.
Dana verhext die Tür, damit sie nicht aufgeht, und Onkel Frank nach der Gute-Nacht-Geschichte gehen kann.
Dana: „Hex, hex!"
Beim zweiten „Hexen" geht die Tür plötzlich auf.
Dana: „Ich glaub, ich muss ins Bett, Energie tanken, dann geht das Hexen wieder."

* * *

Mareen erklärt, warum sie mich im Kindergarten immer mit Frau Hoffmann anspricht:
„Na ja, wenn ich Mama sage, dann höre ich meistens nicht."

* * *

Spiel „Wer war`s?" im Kindergarten.
Die Kinder beschreiben verschiedene Dinos z.B.: „Hat dein Dino eine Mütze auf?" *[Alle Dinos mit Mütze scheiden aus.]* Ein Dino hat ein Basecap auf.
„Ist ein Basecap auch eine Mütze?", fragt die **Erzieherin**.
Darauf kommt die prompte Antwort von **Arvid**: „Ja, Basecaps gehören zur Familie der Mützen."

* * *

Janne ist entsetzt: „Der Mond ist kaputt!" *[Halbmond]*

* * *

In einem Katzenbuch vom Bauernhof entdeckt Dana einen Teller, der kaputt ist.
Onkel Frank erklärt, dass die Katze davon noch Wasser trinken kann.
Dana ganz entrüstet: „Die Katze kann doch nicht aus einem Buch trinken!"

* * *

Janne ist fasziniert vom Mond. Ganz aufgeregt kommt er und berichtet: „Oma guck mal, der Mond ist an!" *[Der Mond leuchtete am klaren Himmel]*

* * *

Dana fasst ihrem Onkel ans Kinn und fragt: „Warum hast du da Haare? Du hast doch auf dem Kopf welche."

* * *

Mama bezahlt mit Kleingeld das gegessene Eis.
Lukas vorwurfsvoll zum Kellner: „Jetzt hat meine Mama dir unser ganzes Geld gegeben und ich wollte doch noch Auto fahren." *[auf der Kirmes]*

* * *

Eine Freundin erzählte, dass sie nicht so gern Auto fährt und deshalb fast ein ganzes Jahr nicht mehr tanken brauchte.
Darauf **Morys** Kommentar: „Da verfahre ich ja mehr Sprit mit dem Rasenmäher!"

* * *

Greta: „Würmer kann man erst essen, wenn man ein Vogel ist. Wenn man ein Mensch ist, gehen die nicht durch den Hals."

* * *

Der Papa sagte den Kindern beim Abendbrot, das er für ein paar Tage auf Dienstreise geht und bat die Kinder, ihn zu vertreten. Beim Blick zu **Dena** holte diese mit dem Fuß aus und „vertrat" ihn.

* * *

Leni wirkt beim Essen plötzlich ganz entsetzt. Auf die Frage, was los sei, antwortet sie: „Ich kann Fabio und Tobias gar nicht heiraten, weil mein Cousin mich schon heiraten will."

* * *

Papa meinte zu Mory, dass er sich noch die Zähne putzen und sich auch noch rasieren müsse, weil er noch zum Zahnarzt muss.
Mory: „Papa, der Zahnarzt erkennt dich doch auch so!"

* * *

Kian hatte Silvester den Pfannkuchen mit Senf und sich riesig gefreut, weil er ja nun das ganze Jahr Glück hat. Am letzten Sonntag war bei uns nun Neujahrsempfang und es gab natürlich wieder Pfannkuchen. Einer, aus Tradition, natürlich mit Senf. Er nimmt sich einen und beißt rein. Pflaumenmus!
Kian: „Mann, das ist ja wohl volle Verarschung. Muss ich jetzt alle essen?"

* * *

Konrad schaut sich ein Bilderbuch über Dinosaurier an und erzählt dann: „Dinosaurier sind schon ausgestorben."
Nach kurzem Überlegen fügt er hinzu: „Mein Opa ist auch schon ausgestorben."

* * *

Mara: „Wenn man ganz viele Süßigkeiten isst, wird man dick und dann ist man schwanger."

Fabio: „Nein, die Frauen haben ein Korn im Bauch und wenn das wächst, dann ist man schwanger. Aber es wächst nur, wenn man heiratet und sich küsst."

* * *

Auf die Frage, was rund ist, meint **Lenny:** „Der Dosseteich."

* * *

Amber und Robin sitzen mit ihrer Mama am Tisch und unterhalten sich über Babys.
Robin: „Kommt das Baby dann aus dem Mund raus, oder was?"
Amber: „Also mein Baby kommt später aus dem Bauchnabel."

* * *

Tobi: „Schokolade ist cool."
Anna: „Nee, Schokolade ist süß."

* * *

Lukas und Opa sind mal wieder beim Friseur.
Lukas: „Ich möchte einen Lutscher, ach nein, zwei."
Die Friseurin fragt: „Wozu denn zwei?"
Lukas: „Na, einen für Opa."
Nach dem Verlassen des Friseursalons meint er: „Opa, ich weiß ja, das du keine Lutscher isst, nun hab ich zwei."

* * *

Hannes: „Oma, gibst du mir Geld?"
Oma hakt nach: „Wofür brauchst du denn Geld?"
Hannes: „Na, mit deinem und meinem Geld kann ich mir einen grünen Drachen kaufen. Ich hab ja nur 'nen Euro."

* * *

Mara und Mama sind einkaufen und **Mama** warnt: „Sei nicht so ein 'Hans guck in die Luft', sonst stößt du dich noch."
Mara schaut in den Himmel und meint: „Ach Mama, da sind doch nur Vögel, und die Federn sind ganz weich."

* * *

Tom: „Coole Mädchen können auch cool küssen."

* * *

Emil kam aufgeregt aus der KITA heim und sagt zur Mama: „Ich weiß jetzt, wo die Babys herkommen!"
Mama wird verlegen und fragt mit leiser Stimme: „Woher denn?"
Emil: „Sie werden ausgekackt!"

* * *

Mama: „Zieh den Strumpf aus, er hat ein großes Loch.
Stephanie: „Warum denn Mama, der Zeh muss doch auch mal Luft holen. Und was sehen will der auch."

* * *

Lisa freut sich: „Juhu, heute machen wir Kinderschinken." *[Kinderschminken]*

* * *

Oma und Leo machen einen Spaziergang zum Friedhof und gehen Opa besuchen.
Leo: „Mann, der Opa schläft aber fest, er kommt ja gar nicht raus."

* * *

Papa singt unter der Dusche.
Marius später zu ihm: „Papa, du musst die Dusche mehr aufdrehen, sonst hört man doch, wie falsch du singst."

* * *

Mama erklärt Elias, dass die Wohnung zu klein ist, um Haustiere zu halten.
Elias hat einen Vorschlag: „Weißt du was? Papa zieht in die Garage, dann kann ich einen Hund haben."

* * *

Schneeballschlacht im Kindergarten.
Marcus: „Ich mach nicht mehr mit, der Schnee ist so kalt. Im Sommer mit Modder macht Schneeballschlacht viel mehr Spaß."

* * *

IM KINDERGARTEN

* * *

Die Kinder spielen Kindergarten und singen die Lieder mit ihrem Text.

Jonathan: „Hänschen klein, ging allein, in die breite Welt hinein."

Vanessa: „Schlafe, mein Hündchen, schlaf ein."

Tobias: „Vanessa war ein schönes Kind, schönes Kind, schönes Kind."

Julian: „Im Garten steht ein Krümelein, verpiss dich nicht, verpiss dich nicht."

Celine: „Schneemann, Schneemann, kalter Mann, hast 'ne dicke Nase dran, schwarze Augen, schwarzer Mund, bist so dick und kunterbunt."

Felix: „Wind, Wind, Wind, Wind, gröhliger Gesell."

Steven: „Hänsel und Gretel verliefen sich im Wald, da war`s stockfinster und auch schweinekalt."

Polina: „Schneeglöckchen, Weißröckchen wann kommst du geschneit? Du wohnst auf der Wolke, die ist so schön breit."

Patrick: „Kastanien, Eicheln hab ich hier, 'ne ganze Hosentasche voll, der Wind warf sie mir grad vom Baum, das knatterte wie doll."

Tim: „Am Weihnachtsbaum die Nadeln brennen."

Nick: „Backe, backe Kuchen, die Mama hat gerufen."

* * *

Im Kindergarten geht es um Steigerungsformen.
Justin: „klein, kleiner, winzig."

Josi: „groß, größer, riesengroß."

Malte: „spaßig, spaßiger, geil."

Tom: „bunt, bünter, kunterbunt."

Emely: „krumm, krümmer, am verbogensten."

Maresa: „alt, älter, steinalt."

Enie: „gut, güter, am gütigsten."

Eny: „sauer, säuerlicher, am ekligsten."

Louis: „dumm, doofer, am blödesten."

Alina: „süß, süßer, am leckersten."

Megan: „müde, müder, eingeschlafen."

Ian: „warm, wärmer, heiß."

Ben: „hart, härter, knallhart."

* * *

Vermischtes

* * *

Lukas hat Probleme mit dem Laut K. Als Opa ihn abholt, sagt er: „Opa tommt."

* * *

Mira singt: „Du hast mich tausend Mal geschoben."

* * *

Wir unterhalten uns über das Märchen „Rotkäppchen".
Nico: „Hätte sie einen Fahrradhelm aufgehabt, hätte der Wolf sie nicht fressen können."

* * *

Wir bewundern Eisblumen.
Marly: „Schmecken die nach Vanille oder nach Schoko?"

* * *

Lukas trockener Kommentar, wenn etwas alle war: „Dann musst du das neu taufen!" *[kaufen]*

* * *

Lara: „Wann gehst du eigentlich mal arbeiten?"
Erzieherin: „Aber das hier ist doch meine Arbeit."
Lara: „Aber du spielst doch den ganzen Tag mit uns."

* * *

Die Kinder sitzen am Tisch und unterhalten sich über Krankheiten und das man auch mal Tabletten nehmen muss.
Louis dreht sich zur Erzieherin um und fragt: „Weißt du eigentlich, dass man auch Tabletten nehmen muss, damit man keine Babys kriegt?"

* * *

Ich besuche das erste Mal die KITA, seitdem ich nicht mehr als Erzieherin arbeite.

Lucas: „Das ist aber schön, dass du da bist. Ich dachte schon, du kommst nie mehr her, weil doch die Rentner nie Zeit haben."

Maresa: „Na ja, aber ich dachte immer Rentner rennen, du bist ganz schön langsam."

* * *

Morys dichterische Freiheit im Deutschunterricht:

>„Hänschen klein
>warf ein Stein
>in das Haus aus
>Glas hinein.
>
>Hänschen sprach:
>Ich glaub ich spinn
>denn das Glashaus
>ist jetzt hin!"

* * *

Janne sitzt im Einkaufswagen und singt vor sich hin.
Eine **Kundin**: „Du bist aber ein süßes Mädchen und so schöne Locken hast du."
Janne: „Nee, ich bin ein Bengel."

* * *

Mila: „Am Wochenende hatte ich die Lachkrankheit, aber die tut nicht weh. Nur der Bauch, wenn man wieder gesund ist."

* * *

Die ganze Familie saß im Auto, als Papa sich über das vorausfahrende Fahrzeug äußerte: „Man was trottelt der denn vor sich hin?"
Entgegnet **Dena**: „Das ist bestimmt ein Volltrottel."

* * *

Auf die Frage, welches Tier denn vorn längere Beine hat, als hinten, meinte **Mory**: „Ein Schiefläufer." *[Er meinte eine Hyäne aus einem Kinderbuch]*

* * *

Jan-Ole und Jenna schmieren sich ihr Brot zum Abendessen. Jan-Ole versucht mit Kraft das Brot durchzuschneiden, doch es will nicht so recht klappen.
Jenna versucht ihm zu helfen und meint: „Mensch, du musst nicht drücken, sondern mehr fiedeln." *[Sie meint das Messer hin und her bewegen]*
Auf meine Frage, wo sie denn den Begriff her hat, meint **Jenna** prompt: „Na von Papa".

* * *

Mama legte einmal ihre Uhr um Denas Fußknöchel. Auf die Frage: „Wie spät ist es?", antwortete **Mory:** „Zehn vor halb Fuß."

* * *

Ich staune, wie die Enkel wieder gewachsen sind und frage: „Wie groß seid ihr denn jetzt?"
Jenna: „Ich bin einhundertachtundzwanzig."

* * *

Lucy: „Bei der Taufe haben wir uns alle nass gemacht."

* * *

Leonie: „Wenn´s geregnet hat und danach die Sonne scheint, kommt ein Regenwurm am Himmel." *[Regenbogen]*

* * *

Die **Erzieherin** mahnt: „Lara, mach das Knopfloch nicht kaputt."
Lara fasst sich hektisch an den Kopf: „Blutet das auch?" *[Sie hatte Kopfloch verstanden]*

* * *

Lukas: „Papa hat mal gepfeift, aber mit sowas, wo stinkender Qualm rauskommt."

* * *

Zuhause sitzen die Eltern und der große Bruder am Tisch und rauchen.
Plötzlich meint die kleine **Lotta**: „Gott sei Dank, dass Rauchen früher im Kindergarten verboten war!"

* * *

Anna und Johann unterhalten sich.

Anna: „Ich ziehe nachts am liebsten ein Nachthemd an."

Johann meint dazu: „Nee, ein Schafanzug ist viel besser."

* * *

Gleich nach dem Abendbrot kam **Dena** auf die Idee, durch riechen am Mund zu erraten, was jeder gegessen hat. Zuerst roch sie bei Mory: „Hast du Nudeln gegessen?

Mory: „Ja."

Danach war Mama dran. **Dena:** „Hast du Fisch gegessen?" Auch das war richtig.

Zum Schluss **Papa**: „Ich habe Stulle mit Zungenwurst und Senf gegessen."

Dena riecht, riecht nochmal, und stellt fest: „Du hast nix gegessen."

* * *

Die Mama sorgt sich, weil der Janne *[2 Jahre]* an den Wangen raue Haut und kleine Pickelchen hat.
Jenna will sie beruhigen und meint: „Vielleicht ist das ja schon der Bart."

* * *

Morgens in der KITA.
Nico: „Wann kommen denn die Kinder in meinem Alter?"

* * *

Fabio: „Mein Opa ist auf dem Kopf barfuß."

* * *

Beim „Mensch ärgere dich nicht"-Spiel schimpft die Erzieherin: „Du bist eine Schummelliese."
Darauf sagt **Mira** ganz verwundert: „Aber ich hab doch ganz schnell geschummelt!"
[Sie hatte Bummelliese verstanden]

Anschließend unterhalten wir uns darüber, dass man nicht schummeln soll, weil das unfair ist.
Lenny meint: „Papa hat aber gesagt, das darf man, man darf sich nur nicht erwischen lassen."

* * *

Zum Kindertag ließ der Hausmeister die Tauben von den Kindern anfassen. Voller Überzeugung meinte **Tobias**: „Stimmt's, die darf man auch nur streicheln, sonst kriegen sie Kratzer."

* * *

Michaelas Mutti fragt am Abend: „Na, was gab es denn heute zum Mittagessen im Kindergarten?"
Michaela: „Negerschnitzel". *[Jägerschnitzel]*

* * *

Mara meint: „Guck mal, da oben auf dem Baum sitzen Eichhörner." *[Eichhörnchen]*

***

Ben: „Ein Junge muss gar nicht laufen. Er hat einen Papa zum Tragen."

***

Die Erzieherin fragt: „Wohin wollt ihr denn zum Baden fahren?"
Nele kommt nicht gleich auf den Namen des Ortes und sagt: „Na nach Dranse... oder wie heißen die Klopse?"
[Sie meinte den Ort Königsberg]

***

Kian: „Muss ich die Löcher auch mitessen? Ich mag die Löcher im Käse aber nicht."

***

Lisa hat beim Kartenspielen wieder mal gemogelt und die Kinder tadeln sie.

Lisa: „Wisst ihr eigentlich, was mogeln ist? Das ist, wenn man schicke Kleider anhat und damit über einen roten oder blauen Teppich rennt."
[Sie meinte das Modeln]

* * *

Die **Mama** schimpfte: „Kind, jetzt hör aber mal auf!"
Janne darauf ganz entrüstet: „Ich bin kein Kind, ich bin ein Janne."

* * *

Im Hort sprechen die Kinder über Ausfallstunden in der Schule.
Nele meint: „Herr R. fehlt. Er hat sich wieder krankgeschrieben."

* * *

Leon und Leonard spielen mit Bausteinen.
Leonard zerstört die gebaute Burg: „So, jetzt ist es eine Urine" *[Ruine]*

* * *

Bei den Hausaufgaben sollen die Kinder passende Substantive suchen.
Nele: fließen - der Fluss
　　　 passen - der Pass
　　　 gießen - der Gärtner

* * *

Die Gruppe hört eine CD und spricht über die Vogelhochzeit. Die Vogelmutter singt: „Immer nur brüten, brüten, brüten."
Leandras Fazit lautet: „Meine Mama muss auch brüten, dass das Baby rauskommt."

* * *

Jenna erklärt: „Papa ist der Hausmeister zu Hause."

* * *

Beim Abendessen behauptet **Lukas**: „Mein Bauch sagt, da passt nichts mehr rein."

* * *

Leonie: „Meine Mutti holt mich heute ganz spät ab. So um dreiviertel, vierviertel Uhr."

* * *

Es ist Abend und bereits dunkel, da sagt **Norwin** zur Mama: „Aber du brauchst keine Angst zu haben, ich pass schon auf dich auf."

* * *

Leonie hat den Film „Findet Dori" gesehen und berichtet: „Dori leidet unter Gedächtnisverschwund."

***

Am Frühstückstisch bekommt **Nico** seine Verpackung eines Müsliriegels nicht auf. Auf den Hinweis, dass er auch eine Schere zur Hilfe nehmen könnte, meint er lapidar: „Die hab ich natürlich heute vergessen."

***

Wir erzählen über unsere Erlebnisse vom Wochenende.
Paul: „Mein Papa hat die Ringe an Muttis Auto gewechselt, weil es jetzt kalt wird."

***

Norwin: „Wenn ich groß bin, bin ich ein dicker Mann, dann kann ich auch rauchen."

***

Lukas geht mit Opa zum Friseur. Die **Friseurin** fragt: „Na, kleiner Mann, wie möchtest du die Haare denn geschnitten haben?"
Daraufhin **Lukas** ganz selbstbewusst: „Genauso wie Opa!" *[Opa hat aber nur noch einen ganz spärlichen Haarkranz]*

* * *

Die Kinder spielen Mini Playback Show.
Emely singt: „Es regnet, es regnet, auf die Erde ganz krass. Wir rennen durch die Pfützen, das macht richtig Spaß."

* * *

Lea: „Wenn ich groß bin, lasse ich mir zwei Tattoos machen. Lillifee und einen Wolf. Meine Mama hat keine Tattoos, weil sie die nicht mag. Papa mag die aber."

* * *

Lucy: „Ich kann schon zählen. Eins, zwei, drei, … elf, zwölf, drölf."

* * *

Die Kinder spielen Familie.
Enie: „Schatzi, ich geh mal shoppen."

Mira: „Und zuerst wollen wir uns zusammen verlieben."

Malte: „Ich hab grad Megan geküsst, jetzt ist mir richtig schwindelig."

Ian: „Wir heiraten in China."

Ben: „Wenn mich eine heiraten will, sag ich NEIN."

* * *

Sahra: „Ich kann schon lesen, das steht hinter meinem Ohr."

***

Josephine: „Ich bin drei Kilometer schwerer und drei Kilometer größer."

***

Amy fehlte ein paar Tage in der KITA. Die Erzieherin fragt, wo sie war.
Amy: „Hatte Flitzkacke."

***

Charlie schaut zum Himmel und schwärmt: „Die Welt ist bunt."

***

Mama fragt, was sie sich zu Weihnachten wünscht.
Bonny: „Na, Batterien."

***

Emmy schimpft mit Papa: „Mein liebes Fräulein!"

* * *

Pia: „Oma, du bist doch lieb?"
Oma: „Ja, wie kommst du darauf?"
Pia: „Räumst du dann für mich auf?"

* * *

Norwin: „Mama, ich hab ein Flugzeug zum Geburtstag bekommen.
Mama: „Ein echtes?"
Norwin: „Ja, das landet draußen und dann kann ich da mitfliegen. Aber du wartest unten, okay?"

* * *

Nicks Schwester fragt: „Möchtest du einen Hamburger oder einen Cheeseburger? Ein Cheeseburger ist mit Käse und ein Hamburger ohne."

Nick: „Ich möchte einen Cheeseburger, aber ohne Käse."

* * *

„Woher hast du denn die tolle Ampel?", fragt **Oma**.
Janne: „Na, aus einer Packung."

* * *

Sina kommt zum ersten Mal mit Brille in den Kindergarten und meint ganz stolz: „Jetzt kann ich euch alle wieder ganz bunt sehen."

* * *

Jenna fragt: „Bist du manchmal auch böse?"
Kenny: „Ja, das habe ich von meiner Mama."

* * *

Der **Hausmeister** fragt Ralf: „Hat deine Mutter noch mehr so schlaue Kinder?"
Ralf: „Klar, noch zwei, einen Jungen und ein Mädchen."

* * *

Mama erklärt, dass das Baby die Muttermilch braucht.
Daraufhin behauptet **Jakob**: „Und ich brauch die Vatermilch."

* * *

Beim Essen fällt Janne der Löffel zu Boden.
Janne: „Macht nix, man kann auch mit den Fingern essen."

* * *

Papa beschwert sich, dass er so viele Brote schmieren muss.

Milla: „Hättest du keine Kinder gemacht, dann bräuchtest du das nicht."

* * *

Am Halloween berichtet **Janne** ganz stolz: „Ich bin eine Federlaus." *[Fledermaus]*

* * *

Mutti sagt zu Lotta: „Geh doch mal und suche ein Lied von Helene Fischer auf dem Tablet."
Lotta: „Geht nicht, mein Akku ist leer."

* * *

Dana hat gepupst. Onkel Sascha fragt sie, ob sie das war.
Dana: „Nein, das war Mama!"
Onkel Sascha: „Aber Mama ist doch gar nicht hier."
Dana: „Doch, die war ganz schnell hier drin und ist dann wieder raus."

* * *

Dana und Onkel Frank spielen. Plötzlich miaut der Kater Charlie.
Dana: „Katzen können ja nicht sprechen."
Onkel Frank: „Doch, die sprechen Katzisch."
Dana: „Miau, miau, miau."
Onkel Frank: „Wo hast du denn Katzisch gelernt?"
Dana: „Ach, das ist eine lange Geschichte ..."

* * *

Mutti ruft: „Guck doch mal heraus."
Sina ganz entsetzt: „Wo ist die Maus?"

* * *

Kurz vor Weihnachten fragt **Oma:** „Kennst du dieses Tier schon?"
Janne: „Ein Rentier."
Oma: „Nein, das ist eine Ziege."
Janne: „Hat aber auch Hörner."

* * *
* *
*

ENDE

Danksagung

Ich möchte mich an dieser Stelle ganz herzlich bedanken bei allen, die mir zu diesem Büchlein durch irgendeinen Beitrag verholfen haben.
An erster Stelle den vielen Kindern, durch ihre ungekünstelte Art zu sprechen.
Meiner Enkelin Jenna, die wieder die Kapitelbilder malte.
Ein besonderer Dank geht an Schwester Birgit, die mir all ihre persönlichen Aufzeichnungen zur Verfügung stellte.
Den Eltern der Kinder für die Erlaubnis, all das in meinem Buch veröffentlichen zu dürfen.

Außerdem meinen Kolleginnen, die einige lustige Begebenheiten beisteuerten.

Vor allem aber meinem Freund Frank, der mir, wie schon beim ersten Buch, stets mit Rat und Tat zur Seite stand, mich immer unterstützte und mir Mut machte.
Danke!

Platz für Ihre

Kindersprüche